Alte fränkische Küche

Alte fränkische Küche
Genehmigte Sonderausgabe
Autor: Klaus Teuber für NOVA Libra medien, Köln
Layout & Satz: Derek Gotzen und Ulrike Jasser für NOVA Libra medien, Köln
Einbandgestaltung: Derek Gotzen für NOVA Libra medien, Köln

Printed in the EU

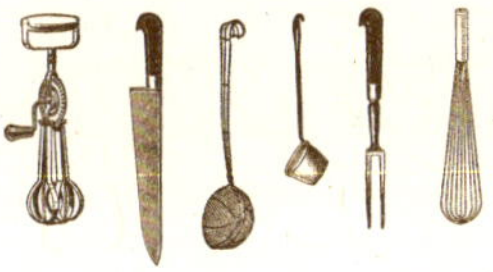

Inhalt

Einleitung

Als eine der schönsten Regionen Deutschlands besitzt Franken nicht nur einen bedeutenden geschichtlichen Hintergrund, sondern bietet seinem Besucher auch eine beeindruckende Abwechslung an Natur, Kultur und Leben. Franken wird von den Mittelgebirgslandschaften Spessart im Westen, Rhön/Südthüringen im Norden, dem Steigerwald im Osten sowie dem Taubertal im Süden umrahmt.

Das Weinanbaugebiet Franken gehört zu Bayern, und eine etwa 600 ha große Rebfläche erstreckt sich von Bamberg bis Aschaffenburg. Die prominenteste Rebsorte dieser Region ist der Silvaner, der in die typische, rundliche Flasche, den Bocksbeutel, abgefüllt wird.

Der Weinanbau in Franken geht bis in das 8. Jahrhundert zurück. Damals waren es besonders die Klöster, die zur Beschaffung von Messwein die Reben anbauten. Aber auch Bier wird in Franken geschätzt, was durch die Vielzahl von kleinen und größeren Brauereien belegt wird.

Die fränkische Küche ist eine herzhafte und bodenständige, und viele Gerichte bestechen durch die Einfachheit ihrer Zubereitung. Saure Zipfel, Fränkischer Wurstsalat oder Leberkäs' mit Ei sind schnell zubereitet und bereichern die fränkische Brotzeit. Neben Deftigem und Gerichten für alle Tage bietet die fränkische Küche aber auch raffinierte Rezepte für Fest- und Feiertage. Gefüllter Fasan, Siedefleisch mit Meerrettich oder Gefüllte Kalbsbrust stellen auch den anspruchsvollsten Genießer zufrieden. In den zahlreichen klaren Seen und Bächen findet sich eine Vielzahl von verschiedenen Fischarten, wobei der Karpfen und die Forelle besonders geschätzt werden.

Wir wünschen Ihnen viel Freude beim Schmökern, gutes Gelingen beim Nachkochen und vor allem einen guten Appetit.

Fränkische Brotzeit

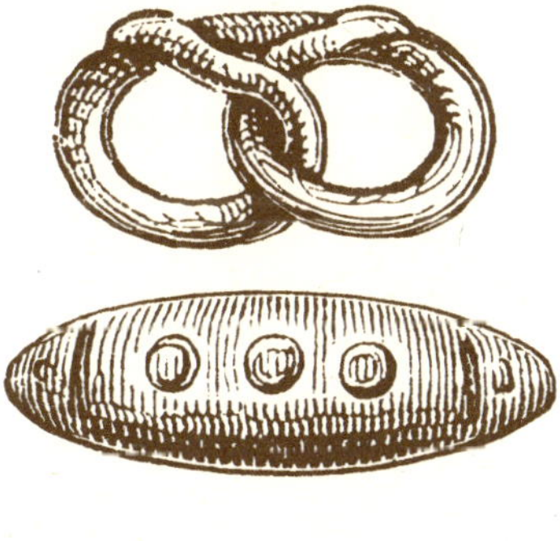

Saure Zipfel

Für 4 Personen
Zubereitungszeit: 20 Minuten
Kochzeit: 30 Minuten

Einkaufsliste/Zutaten

1 Stange Lauch
1 Möhre
100 g Sellerieknolle
2 Zwiebeln
125 ml Weinessig
4 Pimentkörner
1 Tl Pfefferkörner
3 Lorbeerblätter
½ Tl Salz
24 Nürnberger Bratwürste

Garnierung

1 El gehackte Petersilie

Vorküche

Das Wurzelgemüse waschen, putzen und in hauchdünne Juliennestreifen schneiden. Die Zwiebeln schälen und in hauchdünne Scheiben schneiden.

Zubereitung

500 ml Wasser mit dem Weinessig, den Piment-, Pfefferkörnern, Lorbeerblättern und dem Salz zum Kochen bringen, das fein geschnittene Wurzelgemüse zugeben und alles 15 Minuten köcheln lassen. Nach Ende der Garzeit die Hitze reduzieren, die Würste in den Sud geben und in 15 Minuten gar ziehen lassen.

Servieren

Die Würste mit dem Sud in eine vorgewärmte Suppenterrine geben, mit gehackter Petersilie bestreuen und sofort zu Tisch bringen. Sehr gut schmecken dazu eine Laugenbrezel und ein Klecks Sahnemeerrettich.

Merkzettel

Saure Zipfel sind in Franken ein beliebter Kater-Imbiss und werden darum auch als „Blaue Zipfel" bezeichnet.

Angemachter Camembert (Obatzta)

Für 4 Personen
Zubereitungszeit: 20 Minuten

Einkaufsliste/Zutaten

200 g Camembert
100 g Butter
2 fein gehackte Schalotten
1 Eigelb
1 Prise Rosenpaprika
1 Schuss Weißwein

Garnierung

2 El Schnittlauchröllchen

Vorküche

Den gut gereiften, weichen Camembert grob zerpflücken und mit der weichen Butter zerdrücken.

Zubereitung

Die fein gehackten Schalotten, das Eigelb, das Rosenpaprika und den Schuss Weißwein zugeben und alle Zutaten gut miteinander mischen.

Servieren

Aus der Masse eine Kugel formen und in den Schnittlauchröllchen wälzen. Auf einem Holzteller anrichten und mit kräftigem Bauernbrot zur Brotzeit reichen.

Merkzettel

Für Obatzta, was „Zusammengemengtes“ bedeutet, gibt es eine Vielzahl verschiedener Rezepte, so kann man auch Kümmel oder einen Schuss Bier zugeben. Der Fantasie sind hier keine Grenzen gesetzt.

Fränkischer Wurstsalat

Für 4 Personen
Zubereitungszeit: 30 Minuten (ohne Wartezeit)

Einkaufsliste/Zutaten

800 g Fleischwurst
3 Schalotten
3 El Essig
Salz
Weißer Pfeffer aus der Mühle
1 Prise Zucker
4 El Öl

Garnierung

2 El Schnittlauchröllchen

Vorküche

Die Fleischwurst pellen und in dünne Scheiben schneiden.
Die Schalotten schälen und klein hacken.

Zubereitung

Aus 125 ml Wasser, Essig, Salz, Pfeffer, Zucker und Öl eine Marinade anrühren. Die in Scheiben geschnittene Fleischwurst in eine Schüssel geben, die Marinade darüber gießen und im Kühlschrank mindestens 2 Stunden ziehen lassen.

Servieren

Vor dem Servieren die Schnittlauchröllchen über den Salat verteilen und mit einer Scheibe kräftigem Bauernbrot und einem Glas Weißwein zu Tisch bringen.

Merkzettel

Für den Wurstsalat gibt es viele Varianten, so kann man auch noch in Streifen geschnittene Paprikaschoten und Käsewürfel zugeben.

Rindfleischsalat

Für 4 Personen
Zubereitungszeit: 30 Minuten (ohne Wartezeit)

Einkaufsliste/Zutaten

350 g gebratenes, kaltes Roastbeef
1 kleine Dose Mais
1 Gewürzgurke
2 El Silberzwiebeln

Für die Marinade

4 El Öl
3 El Essig
Salz
Weißer Pfeffer aus der Mühle
Zucker

Garnierung

2 hart gekochte Eier

Vorküche

Das Roastbeef in etwa 1 cm große Würfel schneiden. Die Maiskörner in ein Sieb schütten, abtropfen lassen, die Gewürzgurke in kleine Würfel schneiden.

Zubereitung

Roastbeef, Maiskörner, Gewürzgurke und Silberzwiebeln in eine Schüssel geben. Für die Marinade Öl mit Essig in einer Schüssel verrühren, mit Salz, Pfeffer und Zucker würzen und über den Salat geben. Alle Zutaten mit einer Gabel unterheben. Den Salat in den Kühlschrank stellen und 1 Stunde durchziehen lassen.

Servieren

Vor dem Servieren die hart gekochten Eier pellen, mit einem Eierschneider in dünne Scheiben schneiden und auf dem Salat verteilen. Als Beilage schmeckt eine Scheibe kräftiges Bauernbrot.

Merkzettel

Anstelle von Roastbeef kann man auch gekochtes Rindfleisch für den Salat verwenden.

Rührei mit Speck

Für 4 Personen
Zubereitungszeit: 5 Minuten
Koch- & Bratzeit: 8 Minuten

Einkaufsliste/Zutaten

200 g durchwachsener Speck
8 Eier
6 El Milch
Salz
Weißer Pfeffer aus der Mühle

Garnierung

2 Gewürzgurken
2 El Perlzwiebeln

Vorküche

Den Speck in dünne Scheiben schneiden, in eine Pfanne geben und knusprig anbraten, aus der Pfanne nehmen und warm stellen.

Zubereitung

Die Eier in eine Schüssel schlagen, die Milch zugeben und alles gut verquirlen. Mit Salz und Pfeffer würzen. Die Eimasse in das Speckfett geben und unter leichtem Rühren stocken lassen.

Servieren

Das Rührei auf einer vorgewärmten Platte anrichten, mit den in Scheiben geschnittenen Gurken und den Perlzwiebeln garnieren und herzhaftes Bauernbrot dazu reichen.

Merkzettel

Eier sind ungekühlt bis zu zwei Wochen haltbar. Legt man frische Eier in Wasser, sinken sie sofort zu Boden, faule Eier steigen an die Oberfläche.

Leberkäs' mit Ei

Für 4 Personen
Koch- & Bratzeit: 15–20 Minuten

Einkaufsliste/Zutaten

50 g Butter
4 Scheiben Leberkäse (je 150 g)
4 Eier
Salz
Weißer Pfeffer aus der Mühle

Garnierung

4 in Fächer geschnittene Gewürzgurken

Vorküche

Die Hälfte der Butter in einer ausreichend großen Pfanne erhitzen und die Leberkäsescheiben darin auf jeder Seite etwa 4 Minuten anbraten.

Zubereitung

In der Zwischenzeit in einer weiteren Pfanne die restliche Butter erhitzen, die Eier aufschlagen und in die Pfanne geben. Mit Salz und Pfeffer würzen und etwa 4 Minuten braten. Die Leberkäsescheiben auf Tellern anrichten und jeweils ein Spiegelei darauf geben.

Servieren

Den noch heißen Leberkäse mit Spiegelei mit je einer gefächerten Gurke garnieren und mit süßem Senf und Kartoffelsalat reichen.

Merkzettel

Leberkäse enthält in der Regel weder Leber noch Käse, sondern ausschließlich Rind-, Schweinefleisch und Gewürze wie Salz, Pfeffer, Majoran und Muskatnuss.

Fleischpflanzerln

Für 4 Personen
Zubereitungszeit: 15 Minuten (ohne Wartezeit)
Koch- & Bratzeit: 25 Minuten

Einkaufsliste/Zutaten

1 altbackenes Brötchen
500 g gemischtes Hackfleisch (Rind- und Schweinefleisch)
1 Zwiebel
1 Ei
Salz
Weißer Pfeffer aus der Mühle
70 g Bratfett

Garnierung

4 in Fächer geschnittene Gewürzgurken

Vorküche

Das Brötchen mit warmem Wasser übergießen und 15 Minuten einweichen lassen. Anschließend gut ausdrücken, zerpflücken und zu dem Hackfleisch geben.

Zubereitung

Die Zwiebel schälen, möglichst fein hacken und mit dem Ei zum Hackfleisch geben. Die Masse kräftig mit Salz und Pfeffer würzen und alles gut miteinander mischen und durchkneten. Die Fleischmasse 15 Minuten ruhen lassen und dann 8 bis 10 Fleischpflanzerln daraus formen. Das Bratfett in einer Pfanne erhitzen und die Klopse auf jeder Seite 5 Minuten knusprig braun anbraten.

Servieren

Die Fleischpflanzerln auf einer vorgewärmten Platte anrichten und mit den gefächerten Gewürzgurken garnieren. Als Beilage schmecken Bratkartoffeln und ein frisches Bier.

Merkzettel

Fertig vorbereitetes Hackfleisch sollte möglichst sofort verarbeitet werden, da es schnell verdirbt.

Suppen

Fränkische Leberknödelsuppe

Für 4 Personen
Zubereitungszeit: 40 Minuten
Kochzeit: 30 Minuten

Einkaufsliste/Zutaten

6 altbackene Brötchen
½ Tl Salz
250 ml Milch
200 g Rinderleber
2 Schalotten
50 g Rindernierenfett
2 Eier
Majoran
1,5 l Fleischbrühe

Garnierung

2 El gehackte Petersilie

Vorküche

Die Brötchen in dünne Scheiben schneiden, salzen und mit der lauwarmen Milch übergießen. Die Rinderleber häuten, die Schalotten schälen und mit dem Rindernierenfett durch den Fleischwolf drehen.

Zubereitung

Die eingeweichten Brötchenscheiben mit den Eier zu der Leberfarce geben, mit Majoran würzen und alles gut miteinander mischen. Aus der Leberfarce mit nassen Händen Klöße von etwa 4 cm Durchmesser formen und in der kochenden Fleischbrühe 30 Minuten gar ziehen lassen.

Servieren

Die Leberknödel auf vorgewärmte Suppenteller verteilen, eine Kelle heiße Fleischbrühe darüber geben und mit der gehackten Petersilie garnieren.

Merkzettel

Die Leber arbeitet als Entgiftungsorgan und beinhaltet oft entsprechende Schadstoffe. Man sollte sie darum nicht zu häufig auf den Speiseplan setzen.

Sauerampfersuppe

Für 4 Personen
Zubereitungszeit: 30 Minuten
Kochzeit: 25 Minuten

Einkaufsliste/Zutaten

250 g Sauerampfer
50 g Butter
40 g Mehl
1 l Gemüsebrühe
125 ml saure Sahne
2 Eigelbe
Zucker
Salz
Weißer Pfeffer aus der Mühle

Garnierung

2 El geröstete Weißbrotwürfel

Vorküche

Den Sauerampfer sorgfältig verlesen und in kaltem Wasser gründlich waschen. Anschließend nass in einen Topf geben und kurz erhitzen, bis die Blätter zusammengefallen sind.

Zubereitung

Den Sauerampfer auf ein Sieb geben, abtropfen lassen und sehr fein hacken. Die Butter in einem Topf zerlassen, das Mehl darin hellgelb anschwitzen, nach und nach unter Rühren die heiße Gemüsebrühe angießen. Die Brühe 5 Minuten köcheln lassen und dann den Sauerampfer zugeben. Die saure Sahne mit den Eigelben in einer Tasse verquirlen und in die nicht mehr kochende Suppe einrühren. Die Suppe mit Zucker, Salz und Pfeffer abschmecken.

Servieren

Die Sauerampfersuppe in vorgewärmte Suppenteller verteilen und mit den gerösteten Brotwürfeln garnieren.

Merkzettel

Sauerampfer enthält viel Vitamin C und kann nur frisch verarbeitet werden.

Fränkische Kartoffelsuppe

Für 4 Personen
Zubereitungszeit: 20 Minuten
Koch- & Bratzeit: 45 Minuten

Einkaufsliste/Zutaten

100 g durchwachsener Speck
1 Stange Lauch
1 Möhre
¼ Knollensellerie
1 Zwiebel
1 l Fleischbrühe
1,5 kg mehlig kochende Kartoffeln
Salz
Weißer Pfeffer aus der Mühle
1 Tl getrockneter Majoran
4 Siedewürstchen

Garnierung

2 El fein gewiegte Petersilie

Vorküche

Den Speck würfeln und in einem Topf ausbraten. Das Wurzelgemüse sorgfältig putzen und fein würfeln. Die Zwiebel schälen und hacken.

Zubereitung

Alle Zutaten in dem ausgelassenen Speckfett andünsten, mit der Fleischbrühe aufgießen und kurz aufkochen lassen. In der Zwischenzeit die Kartoffeln waschen, schälen, in Würfel schneiden und in die Suppe geben. Alles bei kleiner Hitze etwa 30 Minuten köcheln lassen. Nach Ende der Garzeit die Kartoffeln in der Suppe stampfen oder mit einem Handmixer pürieren. Die Suppe mit Salz, Pfeffer und Majoran würzen, die Siedewürstchen in die Suppe legen und in 10 Minuten warm ziehen lassen.

Servieren

Die Suppe in eine vorgewärmte Suppenterrine geben, mit der gewiegten Petersilie garnieren und sofort zu Tisch bringen.

Merkzettel

Majoran wird das ganze Jahr über frisch oder getrocknet angeboten. Wegen der empfindlichen ätherischen Öle darf man ihn nur kurz erhitzen.

Festtagssuppe

Für 4 Personen
Zubereitungszeit: 20 Minuten
Kochzeit: 1 Stunde 30 Minuten

Einkaufsliste/Zutaten

1 kg Suppenfleisch
2 Stangen in feine Ringe geschnittener Lauch
2 geschälte, gewürfelte Möhren
½ Sellerieknolle
2 Lorbeerblätter
1 Nelke
1 geschälte, in Stücke geschnittene Petersilienwurzel
5 Wacholderbeeren
1 Tl Pfefferkörner
Salz
Weißer Pfeffer aus der Mühle

Garnierung

2 El gehackte Petersilie

Vorküche

Das Suppenfleisch unter fließendem Wasser gründlich abspülen und abtrocknen.

Zubereitung

Das Suppenfleisch in 2,5 l kaltem Wasser zum Kochen bringen, die Hälfte des Gemüses mit den Lorbeerblättern, der Nelke, der Petersilienwurzel, den Wacholderbeeren und den Pfefferkörnern zugeben und alles bei kleiner Hitze 1 Stunde köcheln lassen. Nach Ende der Garzeit das Fleisch aus der Suppe nehmen und in kleine Würfel schneiden. Die Suppe durch ein Sieb gießen, wieder in den Topf geben und das restliche Gemüse zugeben. Mit Salz und Pfeffer abschmecken und alles weitere 30 Minuten garen. Anschließend das klein geschnittene Suppenfleisch zum Erwärmen wieder in die Suppe geben.

Servieren

Die Suppe in eine angewärmte Suppenterrine füllen und mit der gehackten Petersilie garnieren.

Merkzettel

Achten Sie beim Einkauf von Suppenfleisch darauf, dass es eine feine Gelee- oder Fettader hat, nur so entfaltet es den delikaten Geschmack.

Spargelcremesuppe

Für 4 Personen
Zubereitungszeit: 20 Minuten
Kochzeit: 1 Stunde

Einkaufsliste/Zutaten

500 g Spargel
Salz
50 g Butter
40 g Mehl
2 Eigelbe
3 El Weißwein
250 ml Sahne
Weißer Pfeffer aus der Mühle
Muskatnuss
Zucker

Garnierung

2 El Schnittlauchröllchen

Vorküche

Den Spargel unter fließendem, kaltem Wasser waschen und vom Kopf her großzügig schälen. In etwa 3 cm große Stücke schneiden, mit einem feuchten Küchentuch abdecken und beiseite stellen.

Zubereitung

Die Spargelschalen in einen Topf mit 750 ml Salzwasser geben und mit geschlossenem Deckel 30 Minuten köcheln lassen. Die Brühe durch ein Sieb geben, in einem Topf auffangen und die Spargelstücke zugeben und mit geschlossenem Deckel 20 Minuten köcheln lassen. Die Spargelstücke mit einem Schaumlöffel herausnehmen und warm stellen. Die Butter in einem weiteren Topf erhitzen, das Mehl zugeben, 2 Minuten durchschwitzen lassen und mit der Spargelbrühe ablöschen. Unter ständigem Rühren 10 Minuten köcheln lassen und dann vom Herd nehmen. Die Eigelbe mit etwas Suppe verquirlen und in die Suppe einrühren. Den Weißwein und die Sahne zugeben und mit Salz, Pfeffer, Muskatnuss und Zucker abschmecken. Die Spargelstücke wieder in die Suppe geben, noch mal erhitzen, aber nicht mehr kochen lassen.

Servieren

Die Suppe in vorgewärmte Suppentassen verteilen und mit den Schnittlauchröllchen bestreuen. Wer mag, kann getoastetes Weißbrot dazu reichen.

Merkzettel

Frischen Spargel erkennt man an den noch feuchten Schnittenden.

Hausgemachte Gulaschsuppe

Für 4 Personen
Zubereitungszeit: 30 Minuten
Koch- & Bratzeit: 1 Stunde

Einkaufsliste/Zutaten

500 g Schweinebauch
2 Tl Bratfett
3 Zwiebeln
2 rote Paprikaschoten
2 grüne Paprikaschoten
4 Tomaten
2 Knoblauchzehen
1,5 l Fleischbrühe
1 Tl Thymian
1 Lorbeerblatt
2 El Paprikapulver
Salz
Schwarzer Pfeffer aus der Mühle
Zucker
250 ml saure Sahne

Garnierung

2 El saure Sahne

Vorküche

Das Schweinefleisch gründlich abwaschen, abtrocknen, in nicht zu große Würfel schneiden, das Fett erhitzen und das Fleisch in einem offenen Topf von allen Seiten kräftig anbraten. Die Zwiebeln schälen, klein hacken, die Paprikaschoten putzen und in Streifen schneiden. Die Tomaten kreuzweise einschneiden, mit heißem Wasser überbrühen, die Haut abziehen und das Tomatenfleisch klein schneiden. Die Knoblauchzehen pellen und fein hacken.

Zubereitung

Zwiebeln, Paprikastreifen, Tomaten und Knoblauch zu dem Fleisch geben und unter Rühren braun werden lassen. Die Fleischbrühe angießen, Thymian, Lorbeerblatt und Paprikapulver zugeben. Das Ganze mit Salz, Pfeffer und 1 Prise Zucker abschmecken. Die Suppe bei kleiner Hitze 45 Minuten garen lassen. Kurz vor Ende der Garzeit die saure Sahne einrühren, 2 El aber beiseite stellen.

Servieren

Die Suppe noch einmal kurz aufkochen lassen, in eine vorgewärmte Suppenschüssel geben und mit der sauren Sahne garnieren. Noch heiß zu Tisch bringen.

Merkzettel

Paprikapulver darf nicht mit angebraten werden, da es sonst bitter wird.

Biersuppe

Für 4 Personen
Zubereitungszeit: 10 Minuten
Koch- & Bratzeit: 15 Minuten

Einkaufsliste/Zutaten

1 l Bier
4 Eier
2 El Butter
4 Scheiben Weißbrot ohne Rinde
Salz
Muskatnuss

Garnierung

Geröstete Weißbrotwürfel

Vorküche

Das Bier in einen Topf füllen und vorsichtig erhitzen, es darf auf keinen Fall kochen. Die Eier in einer Schüssel verquirlen und 1 El Butter im heißen Bier schmelzen lassen.

Zubereitung

Das Weißbrot in Würfel schneiden und in der restlichen Butter in einer Pfanne goldbraun anrösten. Die verquirlten Eier unter Rühren in das heiße Bier geben. Die Suppe mit Salz und frisch geriebener Muskatnuss würzen.

Servieren

Das geröstete Weißbrot in vorgewärmte Suppenschalen verteilen und die Suppe darüber geben.

Merkzettel

Muskatnüsse können bis zu zwei Jahre gelagert werden, wenn sie dunkel und luftdicht verpackt sind.

Gemüsegerichte

Grüne Klöße

Für 4 Personen
Zubereitungszeit: 40 Minuten
Kochzeit: 20 Minuten

Einkaufsliste/Zutaten

5 altbackene Brötchen
500 ml Milch
1 kg Kartoffeln
Salz
Weißer Pfeffer aus der Mühle
Muskatnuss
1 Ei
40 g Butter
20 g Paniermehl

Garnierung

1 El gehackte Petersilie

Vorküche

Die Brötchenrinde mit einer Küchenreibe entfernen und die Brötchen in möglichst dünne Scheiben schneiden. Die Milch zum Kochen bringen und über die Brötchenscheiben gießen.

Zubereitung

Die Kartoffeln waschen, schälen und mit einer Küchenreibe möglichst fein reiben. Die Kartoffelmasse in ein sauberes Küchentuch geben und auspressen. Anschließend mit den Brötchen in eine Schüssel geben, mit Salz, Pfeffer und Muskatnuss würzen, das Ei zugeben und alle Zutaten gut miteinander vermengen. Mit feuchten Händen aus dem Kartoffelteig Klöße von 5–6 cm Durchmesser formen und vorsichtig in kochendes Salzwasser gleiten lassen. Die Klöße bei milder Hitze gar ziehen lassen, bis sie an die Oberfläche steigen. Mit einem Schaumlöffel aus dem Salzwasser heben, abtropfen lassen und in einer vorgewärmten Schüssel anrichten. Die Butter in einer Pfanne erhitzen, das Paniermehl darin kurz anrösten und über die Klöße verteilen.

Servieren

Die Klöße mit der gehackten Petersilie bestreuen und als Beilage zu einem herzhaften Braten servieren.

Merkzettel

Übrig gebliebene Kartoffelklöße schmecken gut, wenn man sie am nächsten Tag, in Scheiben geschnitten, in einer Pfanne mit etwas Butter aufbrät.

Krautwickel

Für 4 Personen
Zubereitungszeit: 40 Minuten
Koch- & Bratzeit: 1 Stunde 15 Minuten

Einkaufsliste/Zutaten

1 Weißkohlkopf
Salz
1 altbackenes Brötchen
500 g gemischtes Hackfleisch
1 gehackte Zwiebel
2 El gehackte Petersilie
2 Eier
Schwarzer Pfeffer aus der Mühle
50 g Butter
1 El Kartoffelstärke

Garnierung

2 geviertelte Tomaten

Vorküche

Den Weißkohl putzen, abspülen, abtropfen lassen und den Strunk entfernen. Den Kohlkopf in kochendes Salzwasser legen und 30 Minuten leicht kochen lassen. Das Brötchen mit Wasser in eine Schüssel geben und 10 Minuten einweichen lassen. Nach Ende der Garzeit den Kohlkopf aus dem Wasser nehmen, abtropfen lassen, vorsichtig die Blätter ablösen und die Rippen flach schneiden.

Zubereitung

Das Brötchen ausdrücken, mit dem Hackfleisch in eine Schüssel geben, die gehackte Zwiebel, die Petersilie und die Eier zugeben. Die Masse kräftig mit Salz und Pfeffer würzen, zu einer Farce mischen. Auf jeweils ein großes Kohlblatt ein bis zwei kleinere Blätter legen, die Farce darauf verteilen und mit Küchengarn umwickeln. So verfahren, bis die Farce verarbeitet ist. Die Butter in einem Topf erhitzen und die Krautwickel darin in 10 Minuten rundum anbraten. Die Krautwickel im geschlossenen Topf bei schwacher Hitze etwa 1 Stunde garen lassen. Anschließend die Krautwickel aus dem Topf nehmen und warm stellen. Die Kartoffelstärke mit etwas Wasser verrühren und die Soße damit binden.

Servieren

Die Krautwickel auf einer vorgewärmten Platte anrichten, die Soße darüber geben und mit den geviertelten Tomaten garnieren. Als Beilage schmecken Kartoffelpüree und ein Glas kühles Bier.

Merkzettel

Weißkohl macht zwar satt, aber nicht dick, da er nur 22–24 kcal/100 g hat.

Überbackener Rosenkohl

Für 4 Personen
Zubereitungszeit: 20 Minuten
Koch- & Backzeit: 40 Minuten

Einkaufsliste/Zutaten
1 kg Rosenkohl
Salz
25 g Butter
250 g in Scheiben geschnittener Frühstücksspeck
200 g saure Sahne
2 Eier
200 g geriebener Emmentaler
Weißer Pfeffer aus der Mühle
Muskatnuss

Garnierung
100 g Mandelblättchen

Vorküche

Den Rosenkohl putzen und waschen, in kochendem Salzwasser kurz blanchieren, damit die Röschen ihre Farbe behalten. Nach dem Blanchieren den Rosenkohl aus dem Wasser nehmen und abtropfen lassen.

Zubereitung

Eine Auflaufform mit etwas Butter ausbuttern, den Speck in Streifen schneiden, unter den Rosenkohl mischen und beides in die Auflaufform geben. Die saure Sahne, Eier und Käse vermischen und über den Kohl geben. Mit Salz, Pfeffer und Muskatnuss würzen. Die restliche Butter in Flöckchen darauf setzen und den Rosenkohl in dem auf 180 °C vorgeheizten Backofen 40 Minuten garen.

Servieren

Kurz vor dem Servieren die Mandelblättchen in einer Pfanne anrösten, den Rosenkohlauflauf damit garnieren und sofort zu Tisch bringen.

Merkzettel

Rosenkohl schmeckt besonders gut, wenn er den ersten Frost abbekommen hat, weil sich dadurch sein Zuckeranteil erhöht.

Spargelgemüse

Für 4 Personen
Zubereitungszeit: 20 Minuten
Kochzeit: 30 Minuten

Einkaufsliste/Zutaten

1,5 kg Stangenspargel
20 g Butter
Salz
1 Tl Zucker

Für die Soße

200 g Butter
2 Eigelbe
1 El Zitronensaft
Salz
Weißer Pfeffer aus der Mühle

Garnierung

2 El gehackter Dill

Vorküche

Den Spargel unter kaltem Wasser abwaschen und abtropfen lassen. Die Spargelstangen vom Kopf her großzügig schälen und mit Küchengarn portionsweise zusammenbinden.

Zubereitung

Die Butter in einem länglichen Topf zerlassen, den Spargel hineingeben und mit Salz und Zucker bestreuen. 250 ml Wasser angießen, kurz aufkochen und zugedeckt 30 Minuten dünsten lassen. Für die Soße die Butter in einem Topf zerlassen. Die Eigelbe mit 2 El Wasser, Zitronensaft und 1 Prise Salz in eine kleine Schüssel geben. In ein heißes Wasserbad stellen und mit einem Schneebesen so lange schlagen, bis eine cremige Masse entsteht. Die Schüssel aus dem Wasserbad nehmen und nach und nach vorsichtig die flüssige Butter unter die Eigelbmasse heben. Abschließend mit Salz und Pfeffer würzen.

Servieren

Die Spargelstangen aus dem Topf heben, abtropfen lassen, das Küchengarn entfernen und jede Portion auf einem vorgewärmten Teller anrichten. Die Soße über dem Spargel verteilen und mit gehacktem Dill garnieren.

Merkzettel

Frischen Spargel kann man 2–3 Tage im Kühlschrank lagern, wenn man ihn in ein nasses Küchentuch einwickelt.

Pellkartoffeln mit Schnittlauchquark

Für 4 Personen
Zubereitungszeit: 20 Minuten
Kochzeit: 25 Minuten

Einkaufsliste/Zutaten

1 kg Kartoffeln
Salz
2 El Kümmel

Für den Schnittlauchquark

500 g Quark
125 ml Buttermilch
3 Schalotten
Saft von 1 Zitrone
Muskatnuss
Salz
Weißer Pfeffer aus der Mühle
Zucker
2 Bund Schnittlauch

Garnierung

4 in Scheiben geschnittene Radieschen

Vorküche

Die Kartoffeln unter fließendem Wasser gründlich abwaschen und in einen Topf mit Salzwasser geben, den Kümmel zugeben und in 25 Minuten bissfest garen.

Zubereitung

In der Zwischenzeit den Quark mit der Buttermilch glatt rühren. Die Schalotten schälen, möglichst fein hacken, mit dem Zitronensaft zu dem Quark geben, mit Muskatnuss, Salz, Pfeffer und Zucker würzen und alle Zutaten sorgfältig miteinander mischen. Den Schnittlauch unter fließendem Wasser abwaschen, abtrocknen und in feine Ringe schneiden. Zu dem Quark geben und unterheben.

Servieren

Die Kartoffeln abgießen, kurz ausdämpfen lassen und portionsweise auf Tellern anrichten. Mit den Radieschenscheiben garnieren und den Schnittlauchquark separat dazu reichen.

Merkzettel

Kartoffeln sind wasserreich, kalorienarm und zu Unrecht als Dickmacher verschrien.

Reiberdatschi

Für 4 Personen
Zubereitungszeit: 30 Minuten
Bratzeit: 20 Minuten

Einkaufsliste/Zutaten

2 kg Kartoffeln
2 Zwiebeln
2 Eier
Salz
2 El Paniermehl
Fett zum Ausbacken

Garnierung

Apfelkompott

Vorküche

Die Kartoffeln sorgfältig waschen, schälen und durch eine feine Reibe in eine Schüssel geben.

Zubereitung

Die Zwiebeln schälen und zu den Kartoffeln reiben. Mit Eiern, Salz und dem Paniermehl gut vermischen. Öl in der Pfanne erhitzen und je 1 El Kartoffelmasse hineingeben. Auf beiden Seiten jeweils 3 Minuten knusprig ausbacken und sofort servieren. So verfahren, bis der ganze Kartoffelteig aufgebraucht ist.

Servieren

Die Reiberdatschi sofort aus der Pfanne und mit einem Klecks Apfelkompott garniert servieren.

Merkzettel

Erkaltete Reiberdatschi schmecken auch gut als kleiner Imbiss auf einer Scheibe kräftigem Vollkornbrot.

Möhren-Kartoffel-Gemüse

Für 4 Personen
Zubereitungszeit: 20 Minuten
Kochzeit: 25 Minuten

Einkaufsliste/Zutaten

750 g Möhren
500 g Kartoffeln
Salz
Weißer Pfeffer aus der Mühle
Muskatnuss
100 g Sahne
100 g Butter

Garnierung

1 El gehackte Petersilie

Vorküche

Möhren und Kartoffeln waschen, schälen und in kleine Würfel schneiden. In einen Topf mit Salzwasser geben und 25 Minuten garen.

Zubereitung

Das Kochwasser abgießen und auffangen. Das Möhren-Kartoffel-Gemüse mit Salz, Pfeffer und Muskatnuss würzen und mit einem Kartoffelstampfer zerdrücken. Die Sahne und die Butter unterheben und mit 3 El Kochwasser geschmeidig machen.

Servieren

Das Möhren-Kartoffel-Gemüse in eine vorgewärmte Schüssel geben und mit der gehackten Petersilie garnieren. Dazu schmecken fränkische Bratwurst und ein kühles Glas Bier.

Merkzettel

Bundmöhren lassen sich besser lagern, wenn man das Grün entfernt. Es entzieht den Möhren Feuchtigkeit und lässt sie schneller eintrocknen.

Fränkischer Kartoffelsalat

Für 4 Personen
Zubereitungszeit: 15 Minuten (ohne Wartezeit)
Kochzeit: 25 Minuten

Einkaufsliste/Zutaten

1 kg Salatkartoffeln
Salz
6 El Speiseöl
2 El Weinessig
125 ml Fleischbrühe
2 Schalotten
Weißer Pfeffer aus der Mühle
200 g durchwachsener Speck
2 hart gekochte Eier

Vorküche

Die Kartoffeln unter fließendem Wasser gründlich abwaschen und in der Schale in Salzwasser 25 Minuten garen. Die Kartoffeln abgießen, möglichst heiß pellen und in Scheiben schneiden.

Zubereitung

Über die noch warmen Kartoffeln die aus 4 El Öl, Essig, heißer Fleischbrühe, fein gehackten Schalotten, Salz und Pfeffer gerührte Marinade geben und vorsichtig vermischen. Den Speck von der Schwarte befreien, fein würfeln, in 2 El Öl in einer Pfanne auslassen und über die Kartoffeln geben. Den Kartoffelsalat in eine Schüssel geben und etwa 1 Stunde im Kühlschrank ziehen lassen.

Servieren

Den Kartoffelsalat aus dem Kühlschrank nehmen, die hart gekochten Eier in Scheiben schneiden und darüber verteilen.

Merkzettel

Die abgekochten Salatkartoffeln lassen sich am besten mit einem Eierschneider in gleichmäßig dünne Scheiben schneiden.

Fleischgerichte

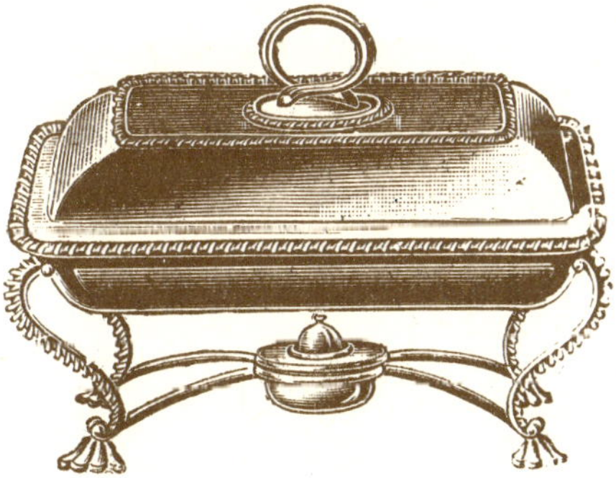

Fränkischer Sauerbraten

Für 4 Personen
Zubereitungszeit: 20 Minuten (ohne Wartezeit)
Bratzeit: 1 Stunde 30 Minuten

Einkaufsliste/Zutaten

1 kg Rinderbraten
250 ml Essig
3 Zwiebeln
2 Lorbeerblätter
1 Tl Pimentkörner
½ Tl Salz
1 Tl Zucker
50 g Butter
1 El Kartoffelmehl
3 El saure Sahne

Garnierung

Einige Petersilienblättchen

Vorküche

Das Fleisch unter fließendem Wasser kalt abwaschen, abtrocknen und in einen Steinguttopf legen. Den Essig mit 1 l Wasser, zwei geschälten und geviertelten Zwiebeln, Lorbeerblättern, Piment, Salz und Zucker aufkochen lassen und nach dem Abkühlen über das Fleisch gießen. Den Braten im geschlossenen Topf an einem kühlen Platz 4–6 Tage in der Marinade ziehen lassen. Nach dieser Zeit das Fleisch aus dem Topf heben, abtropfen lassen, kalt abspülen und abtrocknen.

Zubereitung

Die Butter in einem Bräter erhitzen und das Fleisch von allen Seiten braun anbraten. Die Marinade durch ein Sieb passieren und auffangen. Die letzte Zwiebel schälen, klein schneiden und mit der Marinade und einer Tasse Wasser zu dem Braten geben. Das Fleisch 1 ½ Stunden schmoren lassen, herausnehmen und warm stellen. Das Kartoffelmehl mit etwas Wasser verrühren, die Soße damit binden und die saure Sahne unterziehen.

Servieren

Den Braten mit einem Elektromesser in Scheiben schneiden, auf einer vorgewärmten Fleischplatte anrichten und mit einigen Petersilienblättchen garnieren. Die Soße getrennt dazu reichen.

Merkzettel

Wer es besonders eilig hat, kann die Marinade auch kochend heiß über das Fleisch gießen, das reduziert die Sauerungszeit auf 2 Tage.

Schäufele

Für 4 Personen
Zubereitungszeit: 25 Minuten
Bratzeit: 1 Stunde 15 Minuten

Einkaufsliste/Zutaten
1 kg Schweinsschäufele (Schulterspitze)
Salz
Weißer Pfeffer aus der Mühle
½ Tl Kümmel
Majoran
4 Schalotten
1 Scheibe Bauernbrot
125 ml Bier
125 ml Fleischbrühe
2 El saure Sahne

Garnierung
1 El Schnittlauchröllchen

Vorküche

Das Fleisch unter kaltem Wasser abwaschen und mit Küchenpapier trockentupfen. Auf der Schwartenseite mit einem scharfen Messer rautenförmig einschneiden und kräftig mit Salz, Pfeffer, Kümmel und Majoran einreiben.

Zubereitung

Die Schalotten schälen, vierteln, das Brot in Würfel schneiden und beides in einen Bräter geben. Das Fleisch darauf legen und das Bier und die Fleischbrühe angießen. Den Bräter auf die mittlere Schiene des auf 220 °C vorgeheizten Backofens stellen und 1 ¼ Stunden garen. Den Braten in der Zwischenzeit immer wieder mit dem Bratenfond begießen. Nach Ende der Garzeit das Fleisch aus dem Bräter heben und warm stellen. Den Bratenfond durch ein Sieb in einen Topf passieren, kurz aufkochen lassen und die saure Sahne einrühren.

Servieren

Das Fleisch in fingerdicke Scheiben schneiden, auf einer vorgewärmten Platte anrichten und mit den Schnittlauchröllchen bestreuen. Als Beilage passen Rotkohl und Salzkartoffeln.

Merkzettel

Schnittlauch kann man nur roh verzehren, gebraten oder gedünstet verliert er sein feines Aroma.

Lammbraten aus der Keule

Für 4 Personen
Zubereitungszeit: 20 Minuten
Bratzeit: 1 Stunde 15 Minuten

Einkaufsliste/Zutaten

1 Lammkeule mit Knochen (ca. 1,5 kg)
Grobes Meersalz
Schwarzer Pfeffer aus der Mühle
1 Bund Estragon
1 Bund Majoran
1 Bund Thymian
1 Bund Salbei
3 El Öl

Garnierung

Einige Rosmarinzweige

Vorküche

Die Lammkeule waschen, trockentupfen und von allen Häuten und Fett befreien. Mit Salz und Pfeffer kräftig einreiben.

Zubereitung

Die Kräuter unter fließendem Wasser gründlich abspülen, trockenschleudern, grob hacken und mit dem Öl zu einer Paste verrühren. Mit einem scharfen Messer etwa 6–8 kleine Taschen in die Lammkeule schneiden und mit den Fingern die Kräuterpaste fest hineindrücken. Die Lammkeule auf ein Backblech legen und im auf 200 °C vorgeheizten Backofen 1 ¼ Stunden braten. Während des Garvorgangs die Keule immer wieder mit der Kräuterpaste bestreichen. Vor dem Anschneiden die Keule 10–15 Minuten ruhen lassen.

Servieren

Die Keule auf einer Fleischplatte anrichten und mit einigen Rosmarinzweigen garnieren. Als Beilage schmecken Kartoffelgratin und Bohnen im Speckmantel.

Merkzettel

Die fertige Lammkeule muss nach dem Garen 10–15 Minuten ruhen. So können sich die Säfte besser verteilen, und das Fleisch lässt sich besser tranchieren.

Fränkisches Bierfleisch

Für 4 Personen
Zubereitungszeit: 20 Minuten
Bratzeit: 1 Stunde 15 Minuten

Einkaufsliste/Zutaten

750 g Rindfleisch aus der Keule
2 El Butterschmalz
2 Zwiebeln
150 g Schinkenspeck
2 El Mehl
500 ml dunkles Bier
Salz
Schwarzer Pfeffer aus der Mühle
1 Tl gerebelter Thymian
1 Lorbeerblatt
Essig
Zucker

Garnierung

1 El gehackte Petersilie

Vorküche

Das Rindfleisch unter fließendem Wasser gründlich abwaschen, trockentupfen und in mundgerechte Würfel schneiden.

Zubereitung

Das Butterschmalz in einem Bräter erhitzen und das Fleisch darin rundum anbraten. In der Zwischenzeit die Zwiebeln schälen, fein hacken, den Schinkenspeck in feine Streifen schneiden, alles zu dem Fleisch geben und kurz mit anrösten. Das Mehl über das Fleisch stäuben, kurz Farbe nehmen lassen und mit dem Bier ablöschen. Das Ganze kräftig mit Salz, Pfeffer und Thymian würzen.
Das Lorbeerblatt zugeben und mit geschlossenem Deckel 1 Stunde schmoren lassen. Nach Ende der Garzeit mit Essig und Zucker abschmecken und gegebenenfalls nachwürzen.

Servieren

Das Fleisch in eine vorgewärmte Schüssel geben, mit der gehackten Petersilie bestreuen und Kartoffelklöße dazu reichen.

Merkzettel

Das Fleisch muss vor dem Anbraten sorgfältig abgetrocknet werden, weil es sonst beim Anbraten zu sehr spritzt und sich die Poren nicht schließen.

Kalbshaxe

Für 4 Personen
Zubereitungszeit: 35 Minuten
Bratzeit: 1 Stunde 15 Minuten

Einkaufsliste/Zutaten

1 Kalbshaxe (ca. 1,5 kg)
Salz
Weißer Pfeffer aus der Mühle
2 El Mehl
40 g Bratfett
2 Möhren
1 Petersilienwurzel
150 g Sellerieknolle
1 mit 3 Nelken gespickte Zwiebel
250 ml Fleischbrühe
1 El gehackte Petersilie
2 El saure Sahne

Garnierung

4 in Scheiben geschnittene Radieschen

Vorküche

Die Kalbshaxe unter kaltem Wasser gründlich abwaschen und mit Küchenpapier trockentupfen. Die Kalbshaxe mit einem scharfen, spitzen Messer am Knochen etwas lösen und rundum mit Salz und Pfeffer einreiben sowie in Mehl wenden.

Zubereitung

Das Bratfett in einem großen Bräter erhitzen und die Kalbshaxe darin 15 Minuten rundum anbraten. In der Zwischenzeit Möhren, Petersilienwurzel und Sellerieknolle putzen, klein schneiden, mit der gespickten Zwiebel zum Fleisch geben und anrösten. Die heiße Fleischbrühe angießen und die Kalbshaxe im geschlossenen Topf 1 Stunde schmoren lassen. Während des Garens immer wieder mit dem Bratensaft begießen. Nach Ende der Garzeit das Fleisch aus dem Bräter heben, vom Knochen lösen, in Portionsstücke schneiden und warm stellen. Die Soße durch ein Sieb passieren und die gehackte Petersilie mit der Sahne einrühren. Die Soße abschmecken und gegebenenfalls mit Salz und Pfeffer nachwürzen.

Servieren

Die Kalbshaxe auf einer vorgewärmten Fleischplatte anrichten, mit den Radieschenscheiben garnieren und die Soße getrennt dazu reichen. Als Beilage schmecken Kartoffelklöße.

Merkzettel

Qualitativ hochwertiges Kalbfleisch ist weiß bis zartrosa gefärbt und darf beim Braten nicht zusammenschrumpfen.

Schweinsbraten

Für 4 Personen
Zubereitungszeit: 20 Minuten
Bratzeit: 1 Stunde 45 Minuten

Einkaufsliste/Zutaten

1 kg Schweinebraten mit Schwarte aus der Schulter
10 Nelken
1 Zwiebel
2 Lorbeerblätter
2 Knoblauchzehen
Je 1 El Honig, Senf, Tomatenmark
125 ml Bier
Salz
Schwarzer Pfeffer aus der Mühle

Garnierung

2 geviertelte Tomaten

Vorküche

Den Braten unter fließendem Wasser sorgfältig abwaschen und mit einem sauberen Küchentuch abtrocknen. Die Schwarte mit einem scharfen Messer bis fast auf das Fleisch rautenförmig einschneiden. Die Nelken gleichmäßig in die entstandenen Schnittpunkte stecken. Das Fleisch mit der Schwarte nach oben in einen ausreichend großen Bräter legen. Die Zwiebel schälen, vierteln und mit den Lorbeerblättern zu dem Braten geben. Die Knoblauchzehen schälen, zerdrücken und mit dem Honig, Senf, Tomatenmark und etwas Bier zu einer Paste verrühren. Kräftig mit Salz und Pfeffer würzen und den Braten damit bestreichen, den Rest der Paste beiseite stellen. 125 ml Salzwasser zum Kochen bringen, die Hälfte davon an den Braten gießen und in den auf 180 °C vorgeheizten Backofen stellen. Nach 1 Stunde die Temperatur auf 220 °C erhöhen, den Braten hin und wieder mit der restlichen Paste bepinseln und weitere 30 Minuten garen. Den Bratenfond mit dem restlichen Salzwasser aufgießen und das Fleisch immer wieder mit dem Bratensaft übergießen, damit die Kruste schön knusprig wird. Nach weiteren 10 Minuten Garzeit mehrmals mit dem restlichen Bier bepinseln. Nach Ende der Garzeit den Braten aus dem Bräter nehmen, warm stellen und vor dem Anschneiden noch einige Zeit ruhen lassen. Den Bratenfond mit etwas Wasser aufkochen, durch ein Sieb passieren, abschmecken und gegebenenfalls mit Salz und Pfeffer nachwürzen.

Servieren

Den Braten mit einem Elektromesser in Scheiben schneiden und auf einer vorgewärmten Fleischplatte anrichten und mit den Tomatenvierteln garnieren. Die Soße getrennt dazu reichen. Als Beilage schmeckt ein herzhafter Kartoffelsalat.

Merkzettel

Sparen Sie beim Fleischkauf nicht an der falschen Stelle und kaufen Sie lieber ein gutes Stück Schweinefleisch beim Metzger Ihres Vertrauens.

Gefüllte Kalbsbrust

Für 4 Personen
Zubereitungszeit: 30 Minuten
Bratzeit: 1 Stunde 30 Minuten

Einkaufsliste/Zutaten

100 g durchwachsener, geräucherter Speck
1 Zwiebel
125 g Steinpilze (Dosenware)
200 g Hackfleisch vom Rind
2 El gehackte Petersilie
2 El gehackter Dill
1 Tl getrockneter Estragon
1 Tl getrocknetes Basilikum
75 g Paniermehl
3 Eier
145 ml saure Sahne
Salz
Weißer Pfeffer aus der Mühle
1,5 kg entbeinte Kalbsbrust
100 g Bratfett
500 ml Fleischbrühe
2 El Kartoffelstärke

Garnierung

2 geviertelte Gewürzgurken

Vorküche

Für die Füllung den Speck von der Schwarte befreien und fein würfeln. Zwiebel schälen und klein hacken. Den Speck in einer Pfanne glasig anschwitzen, die gehackte Zwiebel zugeben und 5 Minuten braten. Die Steinpilze in einem Sieb abtropfen lassen, klein hacken, mit in die Pfanne geben, alles weitere 5 Minuten braten und abkühlen lassen. Das Hackfleisch in eine Schüssel geben, Petersilie, Dill, Estragon, Basilikum, Paniermehl, Eier und 3 El saure Sahne zugeben, alles mit Salz und Pfeffer würzen und zu einer Farce vermischen.

Zubereitung

Die Kalbsbrust unter fließendem Wasser gründlich abspülen und mit einem sauberen Küchenhandtuch abtrocknen. Mit einem scharfen Messer eine tiefe Tasche in das Fleisch schneiden und die Farce hineingeben. Die Tasche mit hölzernen Zahnstochern verschließen und die Kalbsbrust mit Salz und Pfeffer rundum einreiben. Das Bratfett in der Fettpfanne des Backofens erhitzen, die Kalbbrust hineingeben und im auf 220 °C vorgeheizten Backofen 1 ½ Stunden garen. Während des Garvorgangs das Fleisch immer wieder mit etwas heißer Fleischbrühe übergießen. Nach Ende der Garzeit das Fleisch auf eine vorgewärmte Platte geben und warm stellen. Den Bratensatz mit der restlichen Fleischbrühe lösen und in einen Topf geben. Die Kartoffelstärke mit 125 ml Sahne verquirlen, unter Rühren in den Fond geben, aufkochen lassen und abschmecken.

Servieren

Die Kalbsbrust mit einem scharfen Messer in Scheiben schneiden, auf einer vorgewärmten Fleischplatte anrichten, mit den Gurkenvierteln umlegen und die Soße getrennt dazu reichen. Als Beilage passen Petersilienkartoffeln und ein Glas Weißwein.

Merkzettel

Estragon ist getrocknet nahezu unbegrenzt haltbar und erhält beim Kochen sein volles Aroma wieder zurück.

Siedefleisch mit Meerrettich

Für 4 Personen
Zubereitungszeit: 35 Minuten
Kochzeit: 2 Stunden

Einkaufsliste/Zutaten

1 kg Rindfleisch (Hüftstück)
Salz
1 Bund Suppengrün
2 Zwiebeln
1 Tl Pfefferkörner

Garnierung

Sahnemeerrettich

Vorküche

Das Fleisch von allen Häuten befreien, unter fließendem Wasser abwaschen und abtrocknen.

Zubereitung

2 l gesalzenes Wasser zum Kochen bringen, das Fleisch, das geputzte Suppengrün, die geschälten, geviertelten Zwiebeln und die Pfefferkörner zugeben. Alles einmal aufkochen lassen, die Hitze reduzieren und das Fleisch 2 Stunden gar ziehen lassen. Zwischendurch den sich bildenden Schaum mit einem Schaumlöffel entfernen. Nach Ende der Garzeit das Fleisch aus dem Topf heben, abtropfen lassen und in fingerdicke Scheiben schneiden.

Servieren

Das Fleisch auf einer vorgewärmten Platte anrichten, mit Sahnemeerrettich garnieren und in Butter geröstete Kartoffeln dazu reichen.

Merkzettel

Meerrettich ist sehr gesund, er regt die Magensäure an und wirkt antibiotisch. Er darf allerdings nicht gekocht werden, da er sonst sein Aroma verliert.

Wild- & Geflügelgerichte

Martinsgans

Für 4 Personen
Zubereitungszeit: 30 Minuten
Bratzeit: 2 Stunden 30 Minuten

Einkaufsliste/Zutaten

1 Gans (ca. 4–6 kg)
Salz
Weißer Pfeffer aus der Mühle
1 kg geschälte Äpfel ohne Kerngehäuse
1 Sträußchen Beifuß
1 El Kartoffelmehl

Garnierung

12 glacierte Maronen

Vorküche

Die Gans unter fließendem Wasser kalt abwaschen, sorgfältig trockentupfen und innen und außen salzen und pfeffern. Die Äpfel mit dem Beifuß in das Innere der Gans geben und die Öffnung mit Küchengarn zunähen.

Zubereitung

Die Gans mit der Brustseite nach unten auf die Fettpfanne des Backofens legen und mit 250 ml heißem Wasser übergießen. In dem auf 190 °C vorgeheizten Backofen 1 Stunde garen. Zwischendurch das Fett abschöpfen und immer wieder mit kochendem Wasser begießen. Nach 1 Stunde die Gans wenden und die Brust bräunen lassen. Die Hitze auf 180 °C reduzieren und die Gans weitere 1 ½ Stunden garen lassen. In der letzten Viertelstunde der bis zu 2 ½ Stunden dauernden Bratzeit (je nach Größe der Gans) die Gans nicht mehr mit heißem Wasser begießen, sondern entweder mit kaltem Wasser oder mit Cognac bepinseln, damit die Haut schön knusprig wird. Nach Ende der Garzeit die Gans auf einer vorgewärmten Platte anrichten. Die Soße entfetten und mit dem in wenig Wasser aufgelösten Kartoffelmehl binden. Die Soße abschmecken und gegebenenfalls mit Salz und Pfeffer nachwürzen.

Servieren

Die Gans mit den glacierten Maronen garnieren und erst am Tisch in Portionsstücke teilen. Als Beilage schmecken Kartoffelklöße und Rotkraut.

Merkzettel

Beifuß gehört zu jedem Gänsebraten, da er bei der Fettverdauung hilft, indem er die Bildung von Magensäure anregt.

Fränkische Rehkeule

Für 6 Personen
Zubereitungszeit: 30 Minuten (ohne Wartezeit)
Bratzeit: 1 Stunde 30 Minuten

Einkaufsliste/Zutaten

1 Rehkeule (ca. 2,5 kg)
200 g fetter Speck
Salz
Schwarzer Pfeffer aus der Mühle
750 ml Silvaner
10 cl Öl
3 Zwiebeln
2 Knoblauchzehen
50 g Butter
250 ml Fleischbrühe

Garnierung

Preiselbeerkompott

Vorküche

Die Rehkeule waschen, trockentupfen und sorgfältig von allen Häuten und Sehnen befreien. Den Speck in kurze Streifen schneiden, die Keule damit spicken und kräftig salzen und pfeffern.

Zubereitung

Den Weißwein mit dem Öl mischen, ein sauberes Küchentuch damit tränken und die Keule damit fest einwickeln. Die Keule im Kühlschrank 2 Tage marinieren lassen und das Tuch zweimal am Tag mit der Wein-Öl-Mischung befeuchten. Anschließend die Keule aus dem Tuch nehmen, sorgfältig trockentupfen und in einen ausreichend großen Bräter legen. Die Zwiebeln schälen, vierteln und mit den ungeschälten Knoblauchzehen zu dem Braten geben. Die Butter in einem Butterpfännchen erhitzen und die Keule damit begießen. Den Braten in den auf 220 °C vorgeheizten Backofen geben und 1 ½ Stunden garen. Zwischendurch immer wieder mit dem austretenden Bratensaft begießen. Nach Ende der Garzeit die Keule aus dem Bräter heben und warm stellen. Den Bratenfond mit der Fleischbrühe ablöschen und gegebenenfalls mit Salz und Pfeffer nachwürzen.

Servieren

Die Rehkeule auf einer vorgewärmten Fleischplatte anrichten, die Soße darüber gießen und den Braten im Ganzen zu Tisch bringen. Als Beilage schmecken Kartoffelklöße und Preiselbeerkompott.

Merkzettel

Die Rehleber gilt, bemehlt, gewürzt und in Butter gebraten, als besondere Wilddelikatesse.

Gefüllter Fasan

Für 4 Personen
Zubereitungszeit: 25 Minuten
Bratzeit: 40 Minuten

Einkaufsliste/Zutaten

2 Fasane
Salz
Weißer Pfeffer aus der Mühle
400 g gekochtes Sauerkraut
100 g Butter
250 ml Weißwein
250 ml Fleischbrühe
2 Äpfel
2 El Heidelbeerkompott

Vorküche

Die Fasane waschen, mit einem sauberen Küchentuch sorgfältig abtrocknen und innen und außen kräftig salzen und pfeffern.

Zubereitung

Das Sauerkraut in die Fasane verteilen und die Öffnung mit einem Zahnstocher verschließen. Die Hälfte der Butter in einem Bräter erhitzen, die Fasane rundum darin anbräunen, in den auf 200 °C vorgeheizten Backofen stellen und 40 Minuten garen. Während dieser Zeit immer wieder mit dem Wein und der Brühe begießen. Die Äpfel schälen, halbieren und entkernen. In der restlichen Butter nicht zu weich dünsten.

Servieren

Nach Ende der Garzeit die Fasane auf einer vorgewärmten Platte anrichten. Die Apfelhälften mit einem Klecks Heidelbeerkompott versehen und die Fasane damit garnieren.

Merkzettel

Junge Fasane erkennt man an kurzen, stumpfen Sporen und sind als Braten älteren Tieren vorzuziehen.

Backhändl

Für 4 Personen
Zubereitungszeit: 20 Minuten
Bratzeit: 30 Minuten

Einkaufsliste/Zutaten

1 Hähnchen (ca. 1 kg)
Salz
3 El Mehl
2 Eier
3 El Milch
2 El Pflanzenöl
1 Tasse Paniermehl
Öl zum Ausbacken
1 geviertelte Zitrone

Vorküche

Das küchenfertige Hähnchen waschen, trockentupfen und in Viertel teilen. Die Hähnchenteile mit der breiten Seite eines Hackmessers flach klopfen.

Zubereitung

Das Fleisch salzen und in Mehl wenden. Die Eier mit Milch, Öl und 1 Prise Salz verquirlen. Die Fleischstücke zuerst in der Eimasse und dann im Paniermehl wenden. Reichlich Öl in einer Pfanne erhitzen und die Hähnchenteile darin von beiden Seiten 20–30 Minuten goldbraun braten.

Servieren

Die Hähnchenstücke auf einer vorgewärmten Platte anrichten, mit den Zitronenvierteln garnieren und Petersilienkartoffeln dazu reichen.

Merkzettel

Geflügel sollte immer gut durchgegart werden, damit mögliche Salmonellen abgetötet werden.

Gefüllte Ente

Für 4 Personen
Zubereitungszeit: 40 Minuten
Bratzeit: 1 Stunde 30 Minuten

Einkaufsliste/Zutaten

1 Ente (ca. 2 kg)
Salz
Schwarzer Pfeffer aus der Mühle
100 g durchwachsener Speck
2 Zwiebeln
2 Äpfel
125 g Weißbrot
60 g Rosinen
1 Ei
5 El Weißwein
1 El Kartoffelmehl

Garnierung

Einige Feldsalatblättchen

Vorküche

Die Ente unter fließendem Wasser kalt abwaschen und gründlich abtrocknen. Innen und außen kräftig mit Salz und Pfeffer einreiben.

Zubereitung

Den Speck in Würfel schneiden und in einer Pfanne auslassen. Die Zwiebeln schälen, klein hacken und im Speck glasig anschwitzen. Die Äpfel schälen, das Kerngehäuse entfernen, das Weißbrot von der Rinde befreien. Äpfel und Weißbrot in feine Würfel schneiden. Äpfel, Weißbrot, Rosinen, die Speck-Zwiebel-Masse, das Ei und den Wein in eine Schüssel geben, mit Salz und Pfeffer würzen und alle Zutaten gut miteinander mischen. Die Ente damit füllen und die Öffnung mit Küchengarn vernähen. Die Ente mit der Brustseite in einen Bräter legen und in dem auf 200 °C vorgeheizten Backofen 45 Minuten garen. Anschließend wenden und weitere 45 Minuten garen. Etwa 15 Minuten vor Ende der Garzeit die Ente mit kaltem Salzwasser einpinseln, damit die Haut schön knusprig wird. Die Ente aus dem Bräter nehmen und warm stellen. Die Soße entfetten, mit dem in etwas Wasser angerührten Kartoffelmehl binden, die Soße abschmecken und gegebenenfalls mit Salz und Pfeffer nachwürzen.

Servieren

Die Ente im Ganzen auf einer vorgewärmten Platte anrichten, mit den Feldsalatblättchen garnieren und die Soße getrennt dazu reichen. Als Beilage schmecken Salzkartoffeln und Rosenkohl.

Merkzettel

Enten haben sehr fettreiches Fleisch, so dass man beim Braten kein zusätzliches Fett verwenden muss.

Wildschweinbraten

Für 4 Personen
Zubereitungszeit: 30 Minuten
Bratzeit: 2 Stunden 30 Minuten

Einkaufsliste/Zutaten

1 Wildschweinkeule (ca. 1,5 kg)
2 cl Wacholderschnaps
5 Wacholderbeeren
½ Tl getrockneter Majoran
1 Tl Salz
Schwarzer Pfeffer aus der Mühle
40 g Butter
3 Schalotten
125 ml Fleischbrühe
250 ml Rotwein
125 ml saure Sahne

Garnierung

1 Zitrone
Brombeergelee

Vorküche

Die Wildschweinkeule vom Metzger entbeinen lassen, mit Küchengarn zusammenbinden und mit dem Wacholderschnaps einreiben. Die Wacholderbeeren in einem Mörser zerdrücken, Majoran, Salz und Pfeffer zugeben, alles gut miteinander mischen und die Keule damit einreiben.

Zubereitung

Die Butter in einem Bräter erhitzen und die Keule darin anbraten. Die Schalotten schälen, fein hacken, zu dem Fleisch geben und goldbraun werden lassen. Die Fleischbrühe mit dem Wein erhitzen und den Braten damit ablöschen. In den auf 200 °C vorgeheizten Backofen geben und 2 ½ Stunden garen. Zwischendurch mehrmals mit dem Bratensaft begießen. Nach Ende der Garzeit das Fleisch aus dem Bräter heben und warm stellen. Den Bratensaft entfetten, durch ein Sieb passieren, die saure Sahne einrühren und die Soße abschmecken.

Servieren

Die Keule mit einem Elektromesser in Scheiben schneiden, auf einer vorgewärmten Fleischplatte anrichten und mit Zitronenscheiben und Brombeergelee garnieren.

Merkzettel

Wildschweinbraten schmeckt am besten von Tieren im Alter von bis zu einem Jahr, da das Fleisch dann noch nicht zu streng und stark nach Wild schmeckt.

Hähnchen in Silvaner

Für 4 Personen
Zubereitungszeit: 25 Minuten
Koch- & Bratzeit: 40 Minuten

Einkaufsliste/Zutaten

1 küchenfertiges Hähnchen (ca. 1,5 kg)
Salz
Weißer Pfeffer aus der Mühle
50 g Butter
3 El Öl
2 klein gehackte Schalotten
1 gewürfelte Möhre
¼ gewürfelter Knollensellerie
250 ml Silvaner
200 g geviertelte Champignons
½ Tl Thymian
2 El saure Sahne

Garnierung

2 El gehackte Petersilie

Vorküche

Das Hähnchen unter fließendem Wasser gründlich abwaschen, trockentupfen, in 4 Stücke teilen, salzen und pfeffern.

Zubereitung

Butter und Öl in einem Bräter erhitzen, die Hähnchenteile von allen Seiten leicht anbräunen, herausnehmen und warm stellen. Die Schalotten in den Bratenfond geben, glasig anschwitzen, das Wurzelgemüse sowie die Hähnchenteile zugeben und den Wein angießen. Zum Schluss die geviertelten Champignons und den Thymian zugeben. Das Ganze bei kleiner Flamme 40 Minuten köcheln lassen. Nach Ende der Garzeit die saure Sahne unterrühren.

Servieren

Das Hähnchen mit der Soße in eine vorgewärmte Terrine geben und mit gehackter Petersilie garnieren. Dazu schmecken frische Nudeln.

Merkzettel

Achten Sie beim Geflügelkauf auf Qualität und kaufen Sie nur Tiere aus Freilandhaltung.

Kaninchen fränkische Art

Für 4 Personen
Zubereitungszeit: 20 Minuten
Bratzeit: 1 Stunde 30 Minuten

Einkaufsliste/Zutaten

1 Kaninchen (ca. 1 kg)
Salz
60 g Speck
100 g Butter
250 ml saure Sahne
1 El Kartoffelmehl
Weißer Pfeffer aus der Mühle
Majoran
1 El Schnittlauchröllchen

Vorküche

Das Kaninchen waschen, enthäuten und von Fett befreien. Rundum salzen, in einen Bräter legen und mit Speckstreifen belegen. Die Butter erhitzen und über das Kaninchen gießen.

Zubereitung

In den auf 200 °C vorgeheizten Backofen stellen und 60–90 Minuten (je nach Alter des Kaninchens) braten. Falls nötig heißes Wasser oder Fleischbrühe zugeben. Nach Ende der Garzeit das Kaninchen aus dem Bräter heben und warm stellen. Den Bratensatz mit der Sahne aufrühren, die Soße mit Kartoffelmehl binden und mit Salz, Pfeffer und Majoran würzen.

Servieren

Das Kaninchen in Portionsstücke teilen, auf vorgewärmten Tellern anrichten und mit Schnittlauchröllchen garnieren. Als Beilage schmecken Kartoffelklöße und Rotkohl.

Merkzettel

Versuchen Sie, ein Kaninchen vom Bauernhof zu erstehen, sie sind im Fleisch schmackhafter als Tiere aus der Massenhaltung.

Fischgerichte

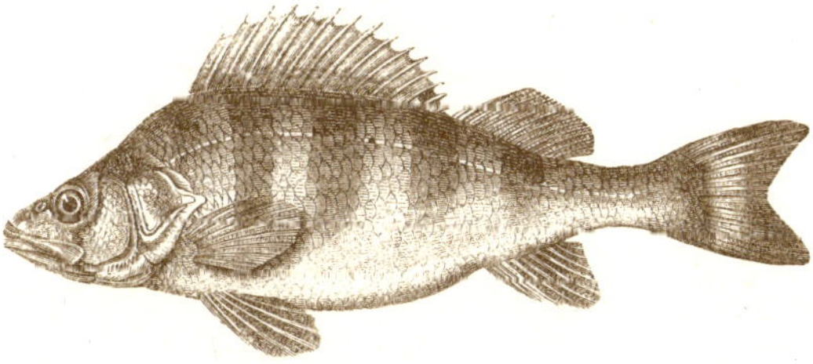

Forelle blau

Für 4 Personen
Zubereitungszeit: 30 Minuten
Kochzeit: 15 Minuten

Einkaufsliste/Zutaten

1 Zwiebel
1 Möhre
2 El Weinessig
½ Glas Weißwein
4 Regenbogenforellen (je ca. 200 g)
Salz
Weißer Pfeffer aus der Mühle

Garnierung

4 Zitronenscheiben

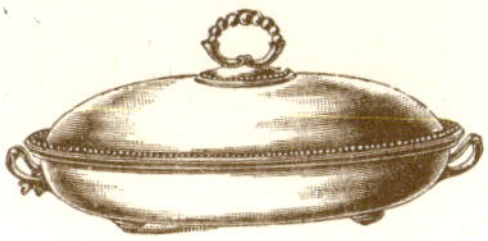

Vorküche

Zwiebel und Möhre putzen und in Stücke schneiden. In einen ausreichend großen Topf 1 l Wasser, den Essig, den Wein und das klein geschnittene Gemüse geben und 15 Minuten köcheln lassen.

Zubereitung

Die Forellen möglichst frisch verarbeiten und darauf achten, dass die Haut nicht verletzt wird. Die Fische vorsichtig unter fließendem Wasser auswaschen und innen salzen und pfeffern. Mit Küchengarn vom Schwanzansatz zum Kopf hin rund binden. Vorsichtig mit Hilfe eines Schaumlöffels in den simmernden Sud gleiten lassen und je nach Größe der Fische etwa 15 Minuten gar ziehen lassen.

Servieren

Die Fische vorsichtig aus dem Sud heben, etwas abtropfen lassen, auf vorgewärmten Tellern anrichten und jeweils eine Zitronenscheibe ins Maul schieben. Als Beilage passen Petersilienkartoffeln.

Merkzettel

Die Forellen werden beim Kochvorgang nur blau, wenn ihre äußere Schleimschicht unversehrt ist.

Karpfen blau

Für 4 Personen
Zubereitungszeit: 20 Minuten
Koch- & Bratzeit: 1 Stunde

Einkaufsliste/Zutaten

1 Karpfen (ca. 1 kg)
Salz
3 El Essig
1 Tl Öl
250 ml Schlagsahne
2 El geriebener Meerrettich
2 El Zitronensaft
Zucker

Garnierung

2 El gehackte Petersilie

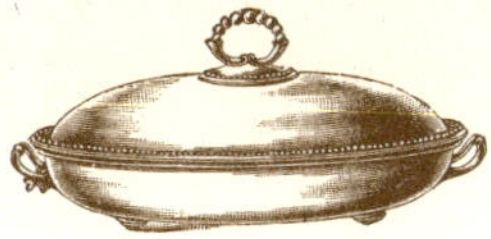

Vorküche

Den ausgenommenen, aber nicht geschuppten Karpfen innen mit Salz einreiben und von außen mit dem heißen Essig begießen, wodurch er seine blaue Farbe erhält.

Zubereitung

Den Karpfen auf die zum Servieren bestimmte feuerfeste Porzellanplatte legen. Mit Alufolie, die auf der Innenseite mit Öl bestrichen ist, abdecken. Im Backofen auf der untersten Schiene 40 bis 50 Minuten bei 200 °C garen. Schlagsahne und Meerrettich miteinander verrühren und mit Zitronensaft und Zucker abschmecken.

Servieren

Den Karpfen auf der Porzellanplatte im Ganzen zu Tisch bringen, mit Petersilie bestreuen und die Soße getrennt servieren. Als Beilage passen Salzkartoffeln und ein frischer Blattsalat.

Merkzettel

Die im Handel angebotenen Karpfen stammen fast ausschließlich aus Zuchtanlagen und sind schon nach 2 bis 3 Jahren reif für den Kochtopf.

Karpfenfilets in Bierteig

Für 4 Personen
Zubereitungszeit: 20 Minuten (ohne Wartzeit)
Bratzeit: 20 Minuten

Einkaufsliste/Zutaten

4 Karpfenfilets (je ca. 250 g)
Saft von 1 Zitrone
Salz
Weißer Pfeffer aus der Mühle
2 Eier
210 g Mehl
100 ml heißes Bier
150 g Butter

Garnierung

1 in Scheiben geschnittene Zitrone

Vorküche

Die Karpfenfilets unter fließendem, kaltem Wasser gründlich abwaschen und trockentupfen. Mit Zitronensaft beträufeln und mit Salz und Pfeffer würzen. Anschließend im Kühlschrank 15 Minuten ziehen lassen. Die Eier trennen.

Zubereitung

In der Zwischenzeit für den Bierteig 200 g Mehl mit dem Bier, den Eigelben und 1 Prise Salz verrühren. Die Eiweiße steif schlagen und vorsichtig unter den Teig heben. Die Karpfenfilets in 10 g Mehl wenden, überschüssiges Mehl abklopfen und die Filets durch den Bierteig ziehen. Die Butter in einer Pfanne erhitzen und die Filets darin goldbraun in etwa 15 Minuten ausbacken. Die fertig gebratenen Filets auf Küchenpapier kurz abtropfen lassen.

Servieren

Die Karpfenfilets auf einer vorgewärmten Platte anrichten, mit Zitronenscheiben garnieren und Kartoffelsalat dazu reichen.

Merkzettel

Ältere Karpfen müssen vor der Schlachtung einige Tage in frischem Wasser gehalten werden, damit sie ihren modrigen Geschmack verlieren.

Hechtklößchen

Für 4 Personen
Zubereitungszeit: 30 Minuten (ohne Wartezeit)
Kochzeit: 25 Minuten

Einkaufsliste/Zutaten

500 g Hechtfilet
300 g Kalbsnierenfett
½ Tl Salz
50 g Butter
150 g Mehl
4 Eier
2 El Sahne
Salz
Weißer Pfeffer aus der Mühle
Muskatnuss

Garnierung

Sahne-Dill-Soße

Vorküche

Das Hechtfleisch waschen, trockentupfen, von allen noch vorhandenen Gräten befreien, in Stücke schneiden und zusammen mit dem Kalbsnierenfett in einer Küchenmaschine zu einem feinen Püree verarbeiten. 250 ml Wasser mit ½ Tl Salz und der Butter in einem Topf aufkochen lassen.

Zubereitung

Das Mehl einrühren und die Masse so lange mit einem Holzlöffel rühren, bis sie sich vom Topfboden löst. Den Topf von der Kochstelle nehmen und die Eier unter die Brandteigmasse mischen.
Die Hechtmasse mit dem Teig mischen und die Sahne unterarbeiten. Mit Salz, Pfeffer und Muskatnuss würzen. Den so vorbereiteten Teig in den Kühlschrank stellen und 1 Stunde durchkühlen lassen.
In einem geräumigen Topf Salzwasser zum Kochen bringen. Mit zwei nassen Esslöffeln Klöße aus der Fischmasse formen und einen Probekloß garen. Zerfällt der Kloß während des Garvorgangs, muss noch etwas Eiweiß zur Festigung in die Masse gegeben werden.
Die Hechtklößchen im simmernden Wasser mehr ziehen als kochen lassen.

Servieren

Die Hechtklößchen auf einer vorgewärmten Platte anrichten und mit einer Sahne-Dill-Soße und Salzkartoffeln servieren.

Gebratener Lachs

Für 4 Personen
Zubereitungszeit: 10 Minuten (ohne Wartezeit)
Koch- & Bratzeit: 15 Minuten

Einkaufsliste/Zutaten

4 Scheiben Lachs (je 200 g)
2 El Zitronensaft
Salz
Weißer Pfeffer aus der Mühle
3 El Mehl
50 g Butter
1 Glas Weißwein
2 El gehackte Petersilie
2 El gehackter Dill

Garnierung

1 in Scheiben geschnittene Zitrone

Vorküche

Die Lachsscheiben unter fließendem, kaltem Wasser kurz abwaschen und trockentupfen. Mit Zitronensaft beträufeln, salzen, pfeffern und im Kühlschrank 15 Minuten ruhen lassen. Das Mehl auf einen flachen Teller geben und die Lachsscheiben darin wenden. Überschüssiges Mehl abklopfen.

Zubereitung

Die Butter in einer Pfanne erhitzen, die Fischstücke darin von jeder Seite 5 Minuten braten, aus der Pfanne nehmen und warm stellen. Den Bratenfond mit Weißwein unter Rühren loskochen, Petersilie und Dill zugeben und nicht mehr kochen lassen. Die Soße mit Salz und Pfeffer abschmecken.

Servieren

Die Lachsscheiben auf vorgewärmten Tellern anrichten, die Soße darüber verteilen und mit den Zitronenscheiben garnieren. Als Beilage schmecken Butterkartoffeln und ein frischer Blattsalat.

Merkzettel

Fangfrische Fische haben glänzende Augen, blutrote Kiemen und einen frischen, angenehmen Geruch.

Fränkischer Mainzander

Für 4 Personen
Zubereitungszeit: 20 Minuten
Bratzeit: 20 Minuten

Einkaufsliste/Zutaten

1 Zander (ca. 1 kg)
Saft von 1 Zitrone
Salz
30 g Mehl
40 g Butter

Garnierung

1 in Scheiben geschnittene Zitrone
1 Bund gewaschene Petersilie

Vorküche

Den Zander schuppen, die Flossen abschneiden und ausnehmen. Den Fisch gründlich auswaschen und trockentupfen. Innen und außen mit Zitronensaft beträufeln und salzen.

Zubereitung

Das Mehl in eine flache Schale verteilen und den Zander darin wenden. Die Butter in einer ausreichend großen Pfanne erhitzen und den Zander bei starker Hitze auf jeder Seite etwa 10 Minuten braten.

Servieren

Nach Ende der Bratzeit den Zander auf einer vorgewärmten Platte anrichten, mit Zitronenscheiben und Petersilie garnieren und sofort servieren.

Merkzettel

Der Zander ist ein dem Barsch verwandter Raubfisch, sein Fleisch ist grätenarm und saftig.

Desserts

Weincreme

Für 4 Personen
Zubereitungszeit: 15 Minuten
Kochzeit: 20 Minuten

Einkaufsliste/Zutaten

5 Eigelbe
100 g Zucker
250 ml Silvaner
4 Tl Speisestärke
2 El Zitronensaft
Abgeriebene Schale von ½ unbehandelten Zitrone
5 Eiweiße

Garnierung

Schokoladensplitter

Vorküche

Eigelbe, Zucker, Wein, Speisestärke, Zitronensaft und die fein abgeriebene Zitronenschale miteinander verquirlen und unter ständigem Rühren vorsichtig erwärmen.

Zubereitung

Die Masse unter weiterem Rühren in einem kalten Wasserbad langsam abkühlen lassen. Die Eiweiße zu steifem Schnee schlagen und vorsichtig unter die erkaltete Creme ziehen.

Servieren

Die Weincreme in 4 Dessertschälchen füllen und mit den Schokoladensplittern garnieren.

Merkzettel

Weincreme kann man als Nachtisch oder als kleine Erfrischung an heißen Sommertagen reichen.

Winzeräpfel

Für 4 Personen
Zubereitungszeit: 20 Minuten
Bratzeit: 15 Minuten

Einkaufsliste/Zutaten

4 Boskop-Äpfel
4 Tl Butter
250 ml Sahne
1 Päckchen Vanillezucker

Garnierung

Vanillesahne

Vorküche

Die Äpfel gründlich waschen, abtrocknen, Blütenansätze und Stiele entfernen und das Kerngehäuse ausstechen.

Zubereitung

Ein Backblech mit etwas Butter einfetten. Die Äpfel auf das Blech stellen und die restliche Butter in Flöckchen auf die Ränder der Aushöhlungen verteilen. In den auf 220 °C vorgeheizten Backofen stellen und etwa 15 Minuten garen. In der Zwischenzeit die Sahne mit dem Vanillezucker in einer Schüssel steif schlagen und in den Kühlschrank stellen.

Servieren

Nach Ende der Garzeit die Äpfel aus dem Ofen nehmen, auf Tellern anrichten und die Sahne getrennt dazu reichen.

Merkzettel

Wer mag, kann in die Aushöhlung in Rum eingelegte Rosinen geben.

Blaubeerpfannkuchen

Für 4 Personen
Zubereitungszeit: 15 Minuten
Backzeit: 20 Minuten

Einkaufsliste/Zutaten

3 Eier
Salz
300 g Mehl
500 ml Milch
750 g Blaubeeren
80 g Butter
4 Tl Semmelbrösel

Garnierung

2 El Zimtzucker

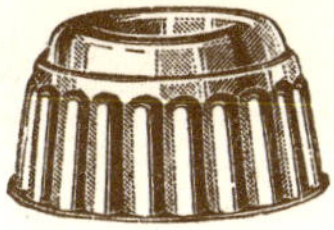

Vorküche

Die Eier aufschlagen, 1 Prise Salz zugeben, nach und nach das Mehl und die Milch zufügen und zu einem glatten Teig verrühren. Die Blaubeeren verlesen, waschen und gut abtropfen lassen.

Zubereitung

Je Pfannkuchen etwa 20 g Butter in einer Pfanne erhitzen, ein Viertel von dem Pfannkuchenteig hineingeben und ein Viertel der Blaubeeren darüber streuen. 1 Tl Semmelbrösel darüber geben und von beiden Seiten goldbraun braten. So verfahren, bis alle Zutaten verarbeitet sind.

Servieren

Die Pfannkuchen auf vorgewärmte Teller gleiten lassen und mit dem Zimtzucker bestreut noch heiß servieren.

Merkzettel

Blaubeeren sind auch als Wald-, Heidel- oder Schwarzbeere bekannt. Wild wachsende Beeren sind wesentlich kleiner als kultivierte, die vorwiegend im Handel angeboten werden.

Hollerküchle

Für 4 Personen
Zubereitungszeit: 10 Minuten (ohne Wartezeit)
Backzeit: 10 Minuten

Einkaufsliste/Zutaten

250 g Mehl
250 ml Weißwein
Salz
4 Eier
12 frisch gepflückte Holunderblüten mit Stiel
Pflanzenöl zum Ausbacken

Garnierung

Zimtzucker

Vorküche

Das Mehl mit dem Weißwein und Salz verrühren, die Eier hineinschlagen und im Kühlschrank ½ Stunde quellen lassen.

Zubereitung

Die frisch gepflückten Holunderblüten am Stiel greifen, durch den Teig ziehen und im heißen Öl in etwa ½ Minute ausbacken.

Servieren

Die gebackenen Blüten auf Küchenpapier kurz abtropfen lassen und mit Zimtzucker bestreut als Nachtisch servieren.

Merkzettel

Die Holunderblüten können auch getrocknet als Fliedertee zubereitet werden, der blutreinigend und schweißtreibend wirkt.

Schokoladenpudding nach Großmutterart

Für 4 Personen
Zubereitungszeit: 20 Minuten (ohne Wartezeit)
Kochzeit: 15 Minuten

Einkaufsliste/Zutaten

500 ml Milch
100 g geriebene Schokolade
45 g Grieß
Salz
60 g Zucker
1 Päckchen Vanillezucker
2 El Schokoladenstreusel

Vorküche

Die Milch in einem Topf aufkochen lassen und nach und nach unter ständigem Rühren die Schokolade und den Grieß zufügen.

Zubereitung

1 Prise Salz zugeben und alles unter ständigem Rühren quellen lassen. Mit Zucker und Vanillezucker abschmecken und die Masse in eine kalt ausgespülte Puddingform gießen. Den Pudding auskühlen lassen und auf einen ausreichend großen Teller stürzen.

Servieren

Den Schokoladenpudding mit den Schokoladenstreusel dekorieren und als erfrischenden Nachtisch reichen.

Merkzettel

Schokoladenstreusel lassen sich einfacher herstellen, wenn man die Schokolade vor dem Reiben eine Stunde in den Kühlschrank legt.

Erdbeersalat

Für 4 Personen
Zubereitungszeit: 20 Minuten (ohne Wartezeit)

Einkaufsliste/Zutaten

300 g Erdbeeren
30 g Honig
50 g Joghurt
2 cl Eierlikör

Garnierung

2 El Kokosraspeln

Vorküche

Die Erdbeeren gründlich waschen, abtropfen lassen und entstielen.

Zubereitung

Die Erdbeeren in eine Schüssel geben, mit Honig begießen und 30 Minuten ziehen lassen. In der Zwischenzeit den Joghurt mit dem Eierlikör verrühren.

Servieren

Die Erdbeeren in Dessertschälchen anrichten. Die Joghurt-Eierlikör-Masse darüber verteilen und mit den Kokosraspeln garnieren.

Merkzettel

Erdbeeren müssen reif geerntet werden, da sie nicht nachreifen, und sie dürfen nicht zu kühl gelagert werden, da sie sonst das Aroma verlieren.

Rote Grütze

Für 4 Personen
Zubereitungszeit: 15 Minuten
Kochzeit: 20 Minuten

Einkaufsliste/Zutaten

250 g Himbeeren
250 g Johannisbeeren
250 g Sauerkirschen
100 g Zucker
70 g Speisestärke

Garnierung

Vanillesoße

Vorküche

Himbeeren, Johannisbeeren und Kirschen in kaltem Wasser gründlich waschen, abtropfen lassen, entstielen und entsteinen.

Zubereitung

Die Früchte mit dem Zucker in 1 l Wasser in einem Topf 10 Minuten kochen. Das Obst durch ein Sieb streichen, den Saft auffangen und diesen noch einmal kurz aufkochen lassen. Die Speisestärke mit 2 El kaltem Wasser in einem Becher verquirlen, in den Saft einrühren und mit Zucker abschmecken. Die Rote Grütze abkühlen lassen und in eine mit kaltem Wasser ausgespülte Glasschüssel füllen.

Servieren

Die Rote Grütze entweder mit Vanillesoße oder flüssiger Sahne servieren.

Merkzettel

Die frischen Blätter der Johannisbeere eignen sich hervorragend zum Würzen von Salaten.

Honigkuchen

Für etwa 40 Honigkuchen
Zubereitungszeit: 15 Minuten (ohne Wartezeit)
Backzeit: 1 Stunde 30 Minuten

Einkaufsliste/Zutaten

500 g Honig
750 g Mehl
750 g Zucker
1 Ei
1 Msp. Pottasche
1 Msp. Nelkenpulver
1 Msp. Zimt
125 g gehackte Mandeln

Vorküche

Den Honig erwärmen und mit allen Zutaten sorgfältig vermischen. In eine Schüssel geben und 2 Tage im Kühlschrank ruhen lassen.

Zubereitung

Je ein Drittel des Teiges auf der bemehlten Arbeitsfläche ausrollen und nach Wunsch kleine Kuchen ausstechen oder ausschneiden. Den Backofen 30 Minuten auf 180 °C vorheizen und den Teig je Backblech 30 Minuten backen. Den Honigkuchen auf einem Küchengitter vollständig auskühlen lassen.

Servieren

Den Honigkuchen zu einer gemütlichen Kaffeerunde servieren.

Merkzettel

Der Honigkuchen sollte vor dem Verzehr mindestens 10 Tage ruhen, so entfaltet er sein ganzes Aroma.

Register